이시항

우주정거장

애지시선 099

우주정거장

2021년 6월 10일 초판 1쇄 발행

지은이 이시향
펴낸이 윤영진
기획편집 함순례
홍 보 한천규
펴낸곳 도서출판 애지
등록 제 2005-000005호
주소 34570 대전광역시 동구 대전천북로 12
전화 042 637 9942
팩스 042 635 9941
전자우편 ejiweb@hanmail.net
ⓒ이시향 2021
ISBN 978-89-92219-00-6 03810

* 저자와의 협의에 의해 인지를 생략합니다.
* 이 책 내용의 전부 또는 일부를 재사용하려면 저자와 애지 양측의
  동의를 받아야 합니다.
* 이 책은 〈울산문화재단 '2021 울산예술지원' 선정사업〉의 지원을
  받았습니다.

예지시선 099

우주정거장
이시향 디카시집

시인의 말

울산 석유화학공단
황홀한 불빛,
우주인이 아니면 일할 수 없는
우주정거장의 표상이다.
그곳에서 지금까지 견딜 수 있도록
힘이 되어준 詩여,
詩가 사는 사진이여,

고맙다.

2021년 봄
이시향

■ 차례

시인의 말 005

제1부 밥줄

우주정거장 012
쇠를 재단하는 사람 014
공장 016
용접공 그녀 018
별을 만드는 사람 020
용접 아다리 022
초승달 024
그믐달 026
쉬는 시간 028
밥줄 030
고래가 돌아왔다 032
퇴근 풍경 034
함선 036
명퇴 이후 038
일몰 040
어느 형장 042
슈퍼맨 044
삶 046

제2부 잔인한 사랑법

봄비 내린 밤 050
어머니 052
웃어요 054
불야성 056
나비넥타이 058
꽃 편지 060
섬 062
숨은 기린 064
첫사랑 066
그대를 그리며 068
낙인 070
발악과 노련 072
화석이 아니야 074
밤하늘 076
파도 078
내려온다 080
첫 안부 082
태풍이 낳은 알 084

제3부 앞에 벽이 보일 때

코로나 선발대 088
알츠하이머 090
달빛 바다 092
구겨진 날개 094
그날 096
먼지 098
어떤 이사 100
먹먹한 삶 102
함께 104
할아버지 돌아가신 날 106
통증 108
금덩이 110
맛집 112
명당 114
인생 116
한 마리 새 118
그 광장 120
불편한 이웃 122
소금밭 가는 길 124
앞에 벽이 보일 때 126

제1부
밥줄

우주정거장

금속성 삶 속으로 매일 착륙하는

나는

물렁하고 헐거운 감성의 별에서

일하러 온 외계인

쇠를 재단하는 사람

어떤 삶도

잘라내야 하는 시점이 오면

온몸에 불꽃이 튀는

아픔을 견뎌야 한다

공장

납기에 쫓기는 태양은

아침부터 힘을 잃고

쇠 갈리는 소리와 쿰쿰한 냄새

가득한 곳으로

출근하는 하루하루

용접공 그녀

장밋빛 꿈 대신 매달 날아드는 고지서

용접 불꽃으로 시뻘겋게 태우며

허점 많은 인생 접붙여도

내 삶은 좀처럼 행복과 용접되지 않더라

별을 만드는 사람

뼈마디 시린 추위에도

쉴 새 없이 깎아내야 하는 쇠

갈리는 마찰음에

희망은 별빛으로 공중에 흩어지고

용접 아다리

자외선 용접 불빛이 파고들어
왼쪽 뇌를 찌른다
파르르 떨리는 눈
한쪽 눈 정도는 감아야
살아낼 수 있는 현실에 진물 난다

초승달

늦은 나의 귀가를 기다리다
소파에서 구부리고 자는 아내
코 골 때마다
이마 아래 초승달
눈썹 문신이 슬프게 떨린다

그믐달

초승달로 출발해서 꽉 찬 보름달도 지났고
이제 그믐달이 다 되어가는 나이지만,
아직도 별을 만들며 일할 수 있어 참 좋다

쉬는 시간

일하다 고통이 옆구리를 찌르면

담배에 불을 붙인다

나보다 더 힘든지

굴뚝이 보란 듯 연기를 뿜어낸다

밥줄

초고압 전깃줄에
　앵두도 피라칸사스 열매도 호랑가시나무 열매도
백당나무 열매도 아닌
　사랑의 열매를 달아주는 마음으로
　칼바람 맞서며 전선을 탄다

고래가 돌아왔다

장생포를 떠났던 고래가 돌아왔다

일몰의 바다를 헤엄치자

문수산이 출렁거린다

퇴근 풍경

퇴근길에 기우뚱한 건

태양 너뿐만 아니다

자동차 불빛 따라

피곤이 꼬리에 꼬리를 문다

함선

하루도 빠지지 않고

밤새 불빛 밝혀 일하는

큰 배를 본 적 있다

저 배에 올라탄 무수한 얼굴들

마주하며 일한 적 있다

명퇴 이후

한창

푸르러야 할 계절임에도

나의 시침과 분침은 겨울에

딱 멈춤

일몰

하늘과 바다 사이에

사람을 아름답게 붙여놓은 것은

어느 용접공의 작품일까?

어느 형장

직장동료를 사고로

하늘로 떠나보낸 날 새벽

태화강변 수양버들 가지에

보호종 황어가

서늘하게 목매달려 있다

슈퍼맨

밤을

낮처럼 환하게 밝히는 사람

저녁마다 작업복에

장화를 신고 나가면 아침에야 들어오던

내 늙은 아버지

삶

끝없는 미로 위

삶의 몸은 어디 가고

그림자만

길을 잃고 헤매는가?

제2부
잔인한 사랑법

봄비 내린 밤

짝 찾는

개구리 소리는 들리지 않고

소쩍 소쩍다고

소쩍새 소리만 봄밤을 달랜다

어머니

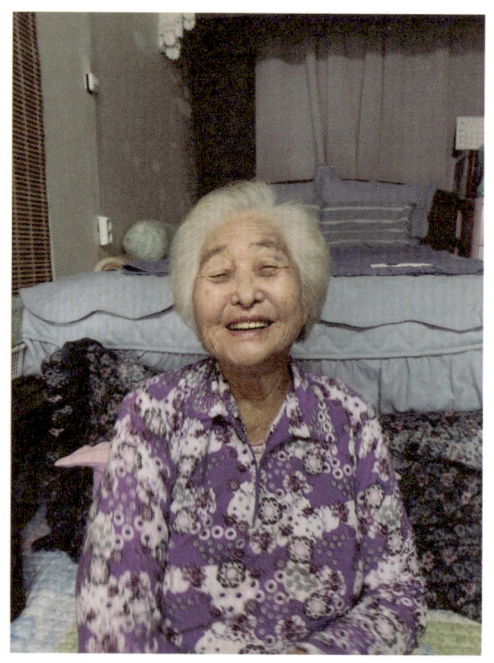

아흔두 살

늦겨울 햇살이 밝게 웃는다

웃어요

바위도
웃으며 사는데,
인생 뭐
별거 있나요?

불야성

한 치 앞도 보이지 않는
어두운 바다에
황홀한 덫을 놓고
빛을 사랑하는 한치를 잡는
잔인한 사랑법

나비넥타이

호랑 무늬 나비넥타이

한 쌍이

한낮에

부르는 뜨거운 세레나데

꽃 편지

벽보면 아래리 101홍 앞으로

편지를 보내오니

백일동안 붉게 꽃불 밝혀 주세요

섬

매년 봉숭아꽃 피고

첫눈이 내리는

첫사랑에

멈춰

섬

숨은 기린

목을 길게 빼고

푸른 초원의 풀 냄새를 찾는

몸을 숨긴 기린이

회색 아파트 벽에 기대어 산다

첫사랑

오뚝한 콧날에 목선이 긴
나무 요정을 만났던
숲이 있었지
잊을 수도 찾을 수도 없는
비밀이 되어버린 나의

그대를 그리며

내 누추한 삶에

깃들었어도

주위를 환하게 만들어 주는

그대를 그려보는 봄날

낙인

어느 날

찾아와 내 마음 헤집어 놓고

희열과 상처만 남겨 놓고 가버린

그대

발악과 노련

허공을 노 젓던 날개

덫이 되어 그물에 걸린 나비의

몸부림

놓치지 않으려

바쁘게 움직이는 거미의 몸놀림

화석이 아니야

너무 낮게 날지 마
나를 너무 낮추면
바닥이 될지도 몰라

밤하늘

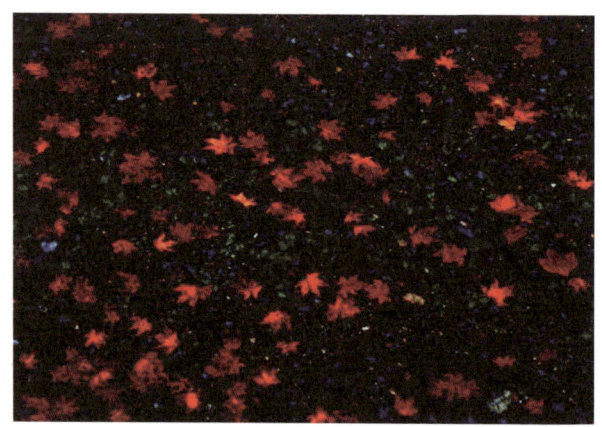

반짝이는 별 하나 따서

책갈피에 넣어봅니다

그 페이지에

당신이 붉게 켜졌습니다

파도

미치지 않고서야 어떻게

넘어지고 넘어지며

또 넘어져도

저렇게 달려 나오겠는가?

너에게 달려가는 나도 그렇다

내려온다

속으로 나이테를 만들지 못한 나무는
늙어 능구렁이 된다

커다란 능구렁이 한 마리
지상으로 하강 중이다

첫 안부

목련이 피지 않으면

봄은 오지 않았고

목련을 보지 못하면

봄을 느낄 수 없는 봄밤

태풍이 낳은 알

태풍이 휩쓸고 간 하룻밤
사이
사람의 길에
바다가 슬어놓은
경고의 알들이 즐비하다

제3부
앞에 벽이 보일 때

코로나 선발대

우리가 먼저 이겨낼게

그 길로 천천히 와

넌

할 수 있어

알츠하이머

저 불의 심지가

아주 오래도록

내 곁에 살아 있기를

꺼지지 않기를

나의 어머니여

달빛 바다

태풍이 올라오는 밤바다

파도가 무섭게 달려들며 부서져도

어머니 계신 고향으로

달빛 길을 따라 달려가는 이 마음

구겨진 날개

날고 싶은 꿈을

포기한 새에게는 하늘이 없다

그날

뒤집혔던 세월이 거꾸로 흘러

소망 이뤄지는 날까지

되새김질하며 잊지 말아야 할

2014. 4. 16

세월호 침몰의 날

먼지

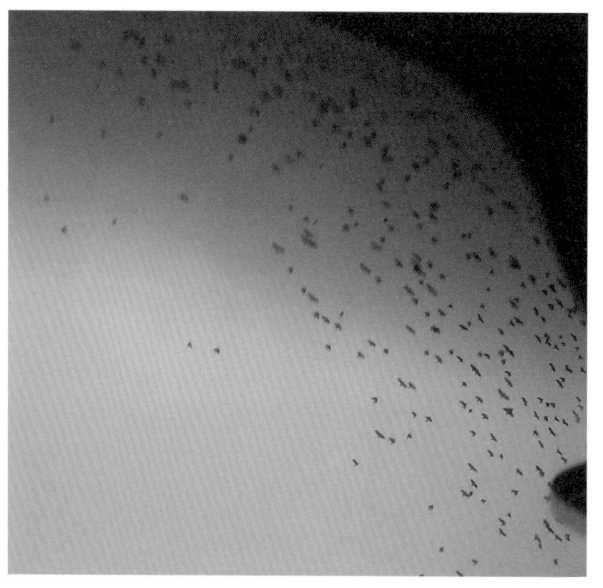

광활한 우주에서

보면 먼지만 한 지구에서

보면 손가락만 한 대한민국에서

보면 손톱만 한 울산에서

보면 새 떼의 비상飛翔도 먼지

어떤 이사

빌딩 불빛 속으로 이사하는

꿈을 꾼다는

엘리베이터가 있는 집에

살아보는 것이 꿈이라는 아내

먹먹한 삶

오늘을 견뎌내지 않으면
내일은 사라지고 마는 거리에서
얼마나 더 줍고 모아야
허리 펴는 세상 올까!

함께

아버지만큼 늙어버린

녹슨 자전거

페달을 힘차게 밟자

안간힘 쓰며 겨우겨우 나아간다

할아버지 돌아가신 날

늙은 감나무에 남은 감 하나

조문 온 까치도

먹지 않고 조등으로 켜둔

통증

농번기라 할 일이 태산인데
요양병원에 갔다는 주인은
돌아올 줄 모르고
환삼덩굴에 휘감긴 몸
환장하네!

금덩이

누가 볼까?

누가 훔쳐 갈까?

텃밭 모퉁이에 넓은 호박잎으로

살짝, 숨겨둔

맛집

대기표 없어도

앞서거니 뒤서거니

골고루 한 생을 살다가는

작은 세계에

오늘도 손님이 북적북적

명당

가로등 불이 켜지면

촘촘하게 펼쳐지는 네트워크

와이파이 꽉꽉 잡히는

명당이 틀림없다

인생

반짝일 때

오래 봐 두어야 하리

연기처럼

허무하게 사라지고 말

짧은 축제여

한 마리 새

새 한 마리 날아들어
허공을 채울 때가 있지
마음 텅 비었을 때
문득, 날아든 한 사람이
나를 꽉 채울 때

그 광장

죽어도 살아있는 노무현대통령

노을도 아프게 울었던 그날을

기억하며

가슴에 당신 이름 새깁니다

불편한 이웃

복도에서 딱 마주친 도마뱀붙이

너는 벽인 척

나는 못 본 척

먼저 인사하면 안 되는 불편한 이웃

소금밭 가는 길

빛과 소금의 역할을 위하여

줄 서가는

끝없는 십자가의 기도

슬픔의 깊이만큼 드리운 안개 넘어

짜디짠 희망은 누가 만들어 내는가?

앞에 벽이 보일 때

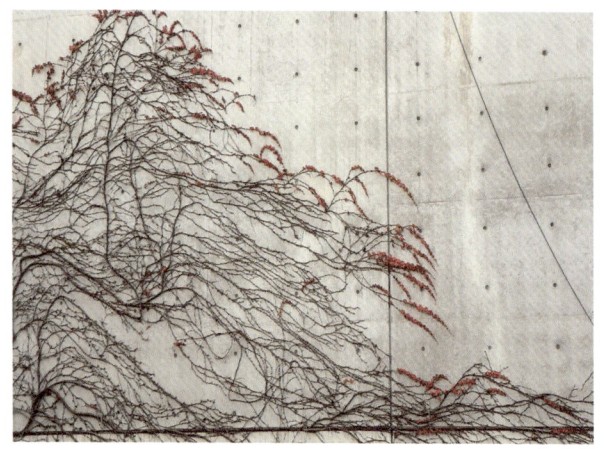

담쟁이넝쿨이 걸어간

길을 보면

넘을 수 없는 벽을

넘어서는 지도가 보인다

애지시선

- 002 붉디 붉은 호랑이   장석주 시집
- 003 붉은 사하라   김수우 시집
- 004 자전거 도둑   신현정 시집
- 005 정비공장 장미꽃   엄재국 시집
- 006 기차를 놓치다   손세실리아 시집
- 007 바람의 목례   김수열 시집
- 008 그리운 연어   박이화 시집
- 009 뜨거운 발   함순례 시집
- 010 정오의 순례   이기철 시집
- 011 그 남자의 손   정낙추 시집
- 012 즐거운 세탁   박영희 시집
- 013 구룡포로 간다   권선희 시집
- 014 좋은 날에 우는 사람   조재도 시집
- 015 여수의 잠   김열 시집
- 016 축제   김해자 시집
- 017 뜻밖에   박제영 시집
- 018 꽃들이 딸꾹   신정민 시집
- 019 안개부족   박미라 시집
- 020 아배 생각   안상학 시집
- 021 검은 꽃밭   윤은경 시집
- 022 숲에 들다   박두규 시집
- 023 물가죽 북   문신 시집
- 024 마늘 촛불   복효근 시집
- 025 어처구니 사랑   조동례 시집
- 026 소주 한 잔   차승호 시집
- 027 기찬 날   표성배 시집
- 028 물집   정군칠 시집
- 029 간절한 문장   서영식 시집
- 030 고장 난 아침   박남희 시집
- 031 하루만 더   고증식 시집
- 032 몸꽃   이종암 시집
- 033 허공에 지은 집   권정우 시집
- 034 수작   김나영 시집
- 035 나는 열 개의 눈동자를 가졌다   손병걸 시집
- 036 별을 의심하다   오인태 시집
- 037 생강 발가락   권덕하 시집
- 038 피의 고현학   이민호 시집
- 039 사람의 무늬   박일만 시집
- 040 기울어짐에 대하여   문숙 시집
- 041 노끈   이성목 시집
- 042 지독한 초록   권자미 시집
- 043 비데의 꿈은 분수다   정덕재 시집
- 044 글러브 중독자   마경덕 시집
- 045 허공의 깊이   한양명 시집
- 046 둥근 진동   조성국 시집
- 047 푸른 징조   김길녀 시집
- 048 지는 싸움   박일환 시집
- 049 아무나 회사원, 그밖에 여러분   유현아 시집